PAPER SOLDIERS OF NAPOLEONIC ERA -1

FRANCE AND ITALY SOLDIERS UNIFORMS FROM THE VINKHUIJZEN COLLECTION

SERIES EDITED BY

LUCA STEFANO CRISTINI

SOLDIERSHOP PUBLISHING
BOOK on DEMAND

PAPER SOLDIERS SERIES

La collana è dedicata alla storia e alla collezione de mitici soldatini di carta o ai soldatini da wargame. In ogni volume preziose raccolte di soldatini stampati il secolo scorso (e anche prima), provenienti dalle nostre collezioni, ma anche nuovi figurini realizzati con abile maestria dai nostri bravi autori. Sempre con l'intento di fornirvi illustrazioni di grande qualità.

RINGRAZIAMENTI E CREDITI FOTOGRAFICI - PHOTOGRAPHIC CREDITS:

Le tavole sono generalmente opera dell'autore o dell'illustratore indicato. La gran parte del resto dell'iconografia usata appartiene all'archivio dell'editore, foto scattate dall'autore, o materiale di amici collezionisti. L'Editore rimane in ogni caso a disposizione degli eventuali aventi diritto per tutte le fonti iconografiche dubbie o non identificate.

Title: **PAPER SOLDIERS OF NAPOLEONIC ERA - 1**
Serie edit by Luca S. Cristini. First edition by Soldiershop. December 2019
Cover & Art Design: Luca S. Cristini. ISBN code: 978-88-93275293
Published by Luca Cristini Editore, via Orio 35/4- 24050 Zanica (BG) ITALY. www.soldiershop.com

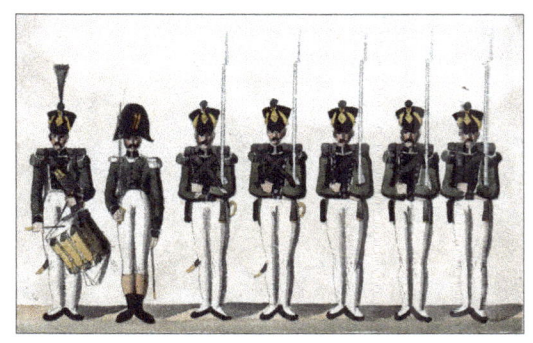

PAPER SOLDIERS
OF NAPOLEONIC
ERA - 1

FRANCE AND ITALY
FROM THE VINKHUIJZEN
COLLECTION

SERIES EDITED BY
LUCA STEFANO CRISTINI

THE VINKHUIJZEN COLLECTION

This famous Collection of Military Costume Illustration consists of over 32,000 diverse pictures from varied sources of costumes mounted in 762 scrapbooks. Elaborate 19th-century European uniforms are the collection's special strength. The aesthetic quality of the images varies, as the collection includes 17th-century festival book prints, 19th-century chromolithographs, original watercolor compositions, pencil drawings, and photographs. Most are plates extracted from illustrated books and magazines.

all the pictures are organized by country and time period. The many scrapbooks devoted to Germany and Italy include separate designations for pre-unification states and principalities.

Assembled by one of these great, eccentric collectors of the late 19th Century, Dr. Hendrik Jacobus Vinkhuijzen, a Dutch medical doctor.

Dr. Vinkhuijzen traveled throughout Europe as a physician associated with various armies and with the Dutch royal court for. He began his career as a medical officer with the Royal Sharpshooters Corps in The Hague. During the Franco-Prussian War he served in France on an ambulance with the newly founded Red Cross. He also traveled to Russia, where he stayed in Moscow studying "the fight against pestilence." In his later life, he was the official court physician to Prince Alexander of the Netherlands. His father had performed in the same role for King Willem III.

ITALIAN TEXT

LA COLLEZIONE VINKHUIJZEN

Collezionista eccentrico e appassionato cultore di iconografia militare era un contemporaneo del famoso uniformologo Quinto Cenni, visse infatti fra il 1840 e il 1910., il Dr. H. J. Vinkhuijzen, iniziò la sua carriera come medico dell'esercito olandese fino a diventare medico ufficiale di corte del principe Alessandro dei Paesi Bassi. La sua vasta collezione arrivò a contare oltre 32.000 soggetti. Moltissimi e pressoché sconosciuti fino alla loro pubblicazione nella nostra collana Quaderni Cenni, quelli realizzati espressamente per la sua collezione da parte del pittore emiliano. Dal 1911 la collezione è stata donata alla New York Public Library dal sig. Henry Draper erede del medico olandese. Ed è da questa collezione che Soldiershop prende i soggetti di questa nuova pubblicazione di soldatini di carta. Ogni immagine ha subito una rigorosa pulizia e ri-classificazione per fornire agli appassionati di storia militare e costume un'opera completa, agevole e utile per tutti gli studiosi e gli appassionati di uniformologia e non solo.

THE PLATES
OF ITALIAN ARMIES

1812 regno Italico fanteria di linea 1° reggimento

1812 regno Italico fanteria di linea 2° reggimento

1812 regno Italico fanteria di linea 3° reggimento

1812 regno Italico fanteria di linea 4° reggimento

1812 regno Italico fanteria di linea 5° reggimento

1812 regno Italico fanteria dalmata

1812 regno Italico fanteria di linea 1° Reggimento compagnia granatieri

1812 regno Italico Guardia di Milano

1812 regno Italico fanteria

1812 regno Italico Reggimento di artiglieria

1812 regno Italico Reggimento di granatieri della Guardia

1812 regno Italico Reggimento di veliti della Guardia

1812 regno Italico Iº Reggimento di cacciatori a cavallo

1812 regno Italico 2º Reggimento di cacciatori a cavallo

1812 regno Italico 3° Reggimento di cacciatori a cavallo

1812 regno Italico 4° Reggimento di cacciatori a cavallo

1812 regno ItalicoDragoni della Guardia reale

1806 regno di napoli Reggimento di fanteria

THE PLATES
OF FRENCH ARMY

1806 Francia 51° fanteria di linea

1806 Francia reggimento di artiglieria

1806 Francia Cacciatori a piedi della Guardia

1806 Francia granatieri a piedi della Guardia

1806 Francia musicanti banda della Guardia

1809 Francia fanteria

1809 Francia fanteria

1809 Francia fanteria volteggiatori

1809 Francia reggimento del genio

1809 Francia fanteria volteggiatori della Guardia

1809 Francia 2° reggimento carabinieri

1809 Francia stendardi e zappattori della Guardia

1810 Francia reggimento fanteria di Neuchatel

1813 Francia fanteria fucilieri granatieri

1813 Francia fanteria fucilieri della Guardia

1813 Francia fanteria Volteggiatori della Guardia

1813 Francia fanteria Cacciatori della Guardia

1813 Francia fanteria Volteggiatori della Guardia

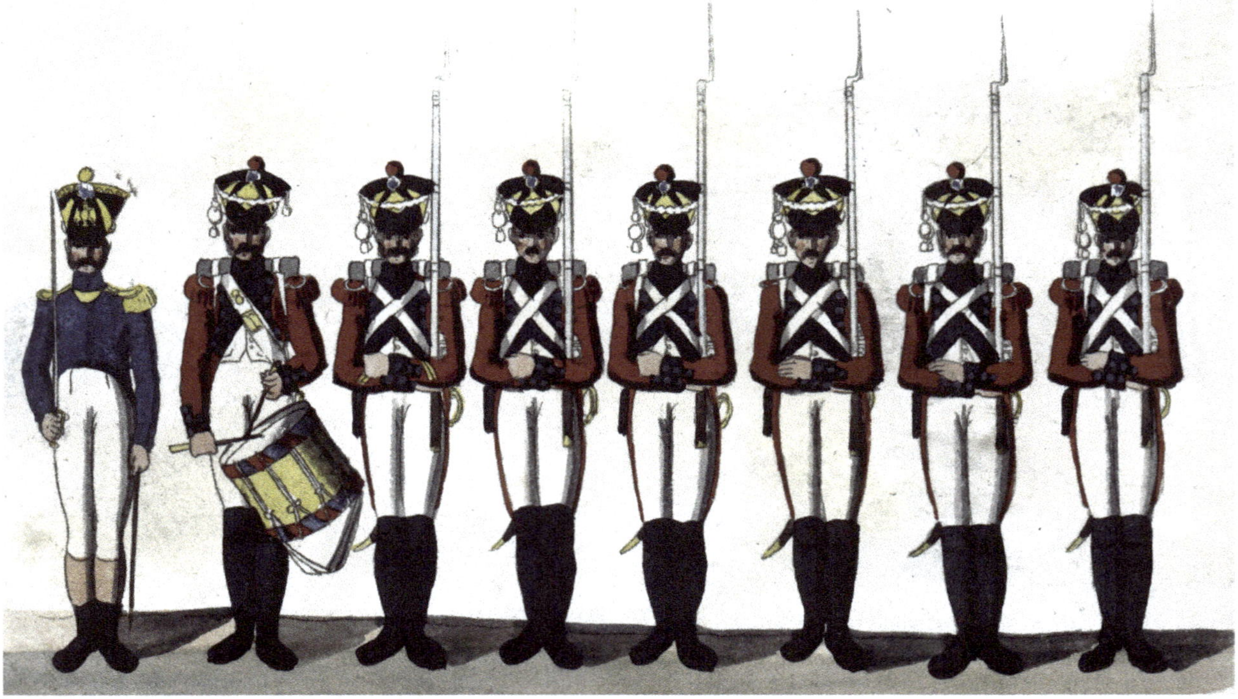

1813 Francia 2° Reggimento fanteria svizzero

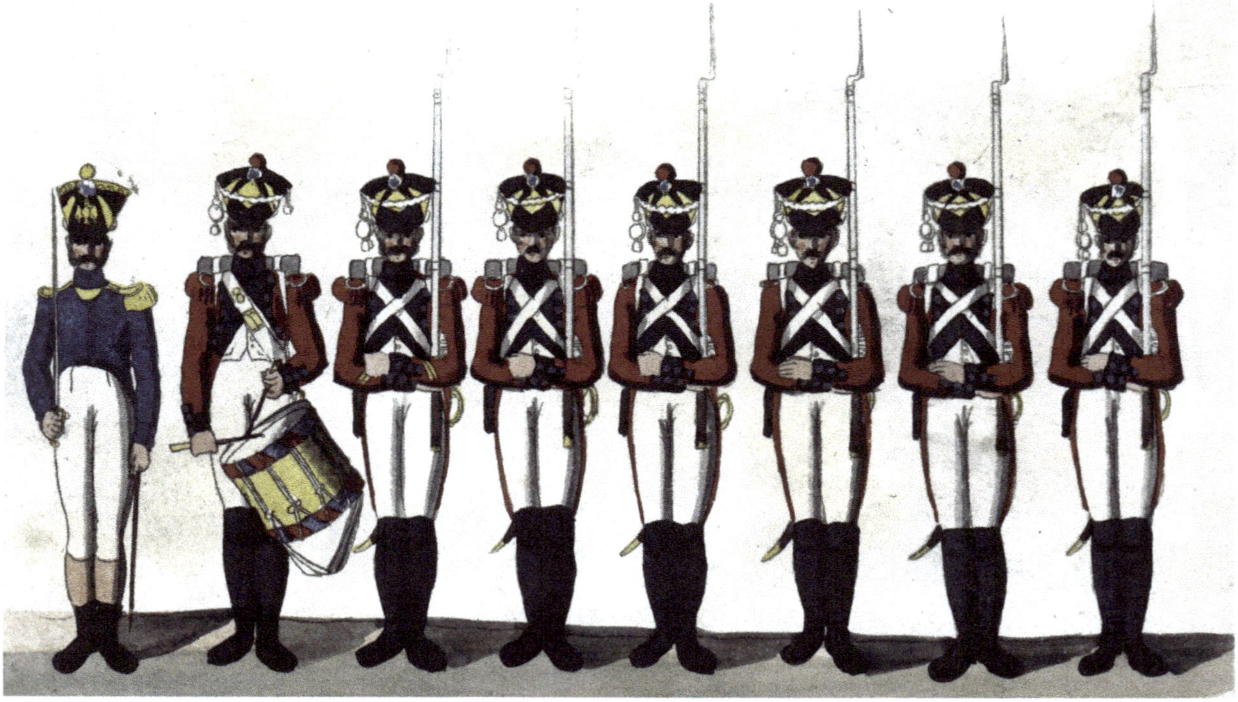

1813 Francia sapeur e mineur del Genio

1813 Francia artiglieria a piedi

1813 Francia artiglieria a piedi

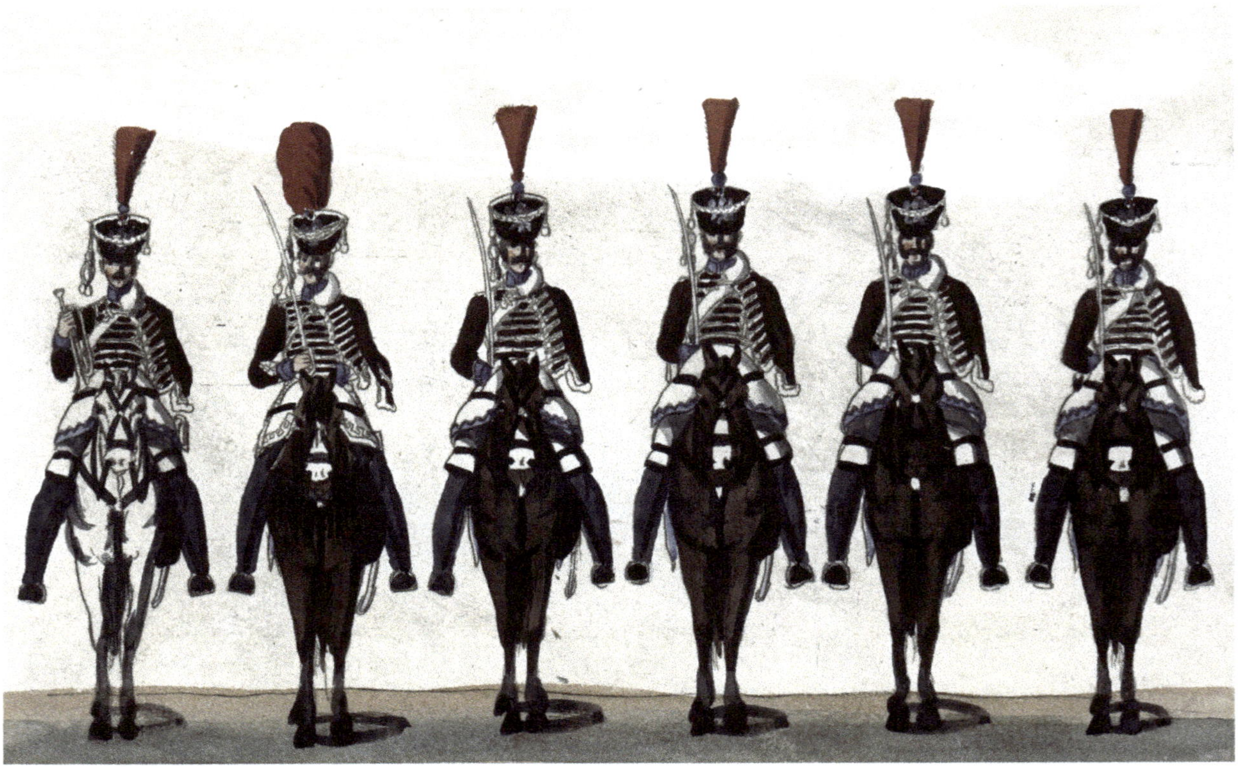

1813 Francia 8° reggimento ussari

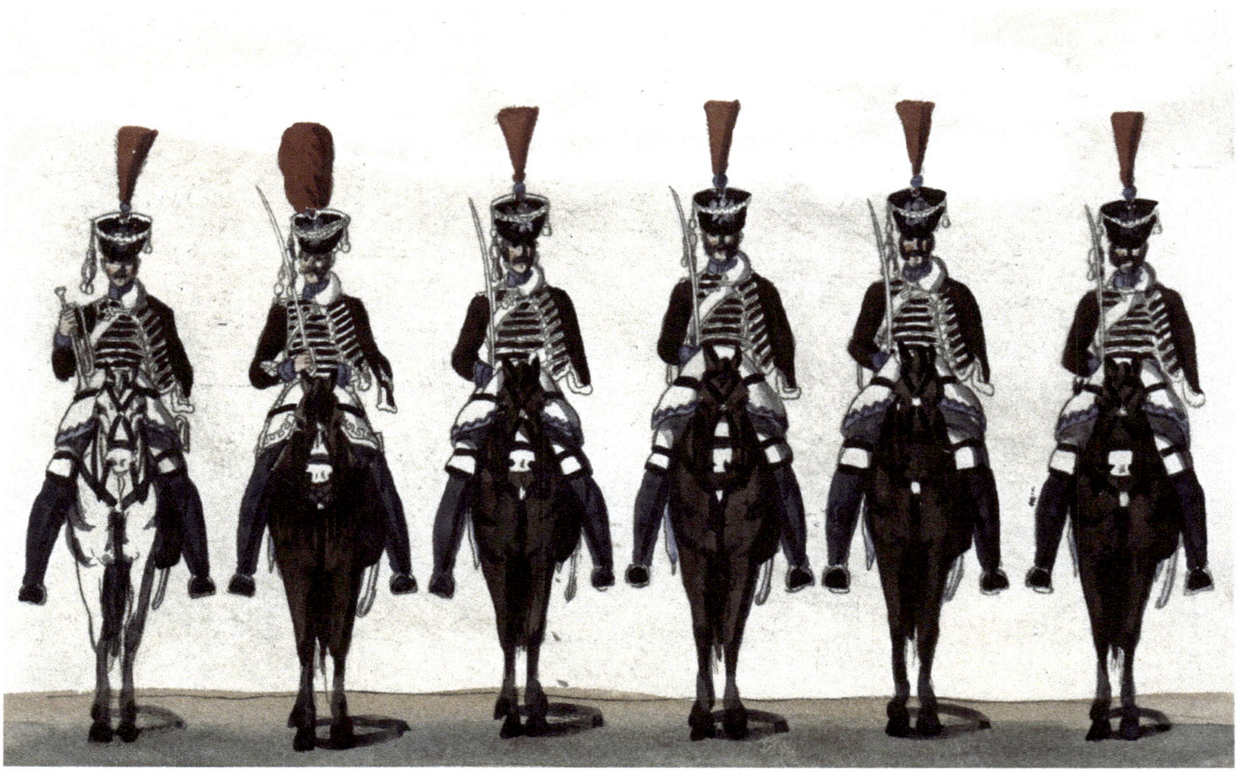

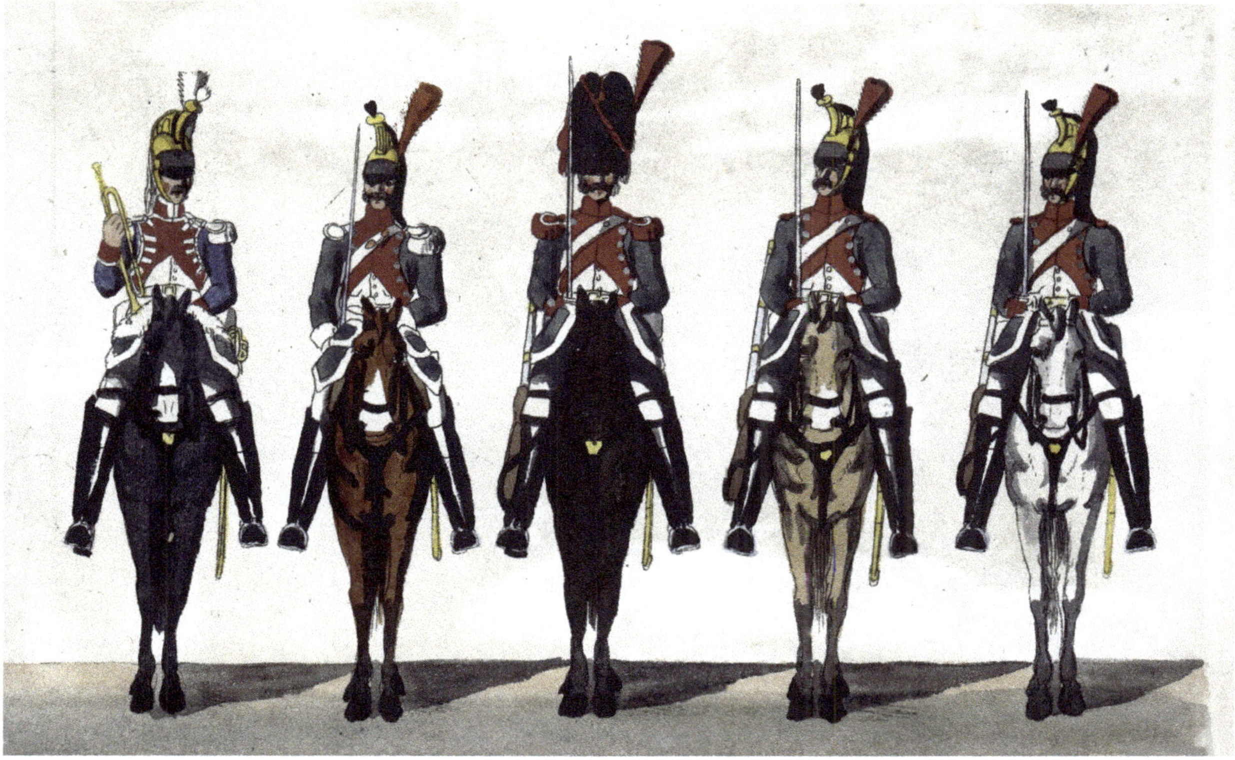

1813 Francia 4° reggimento dragoni

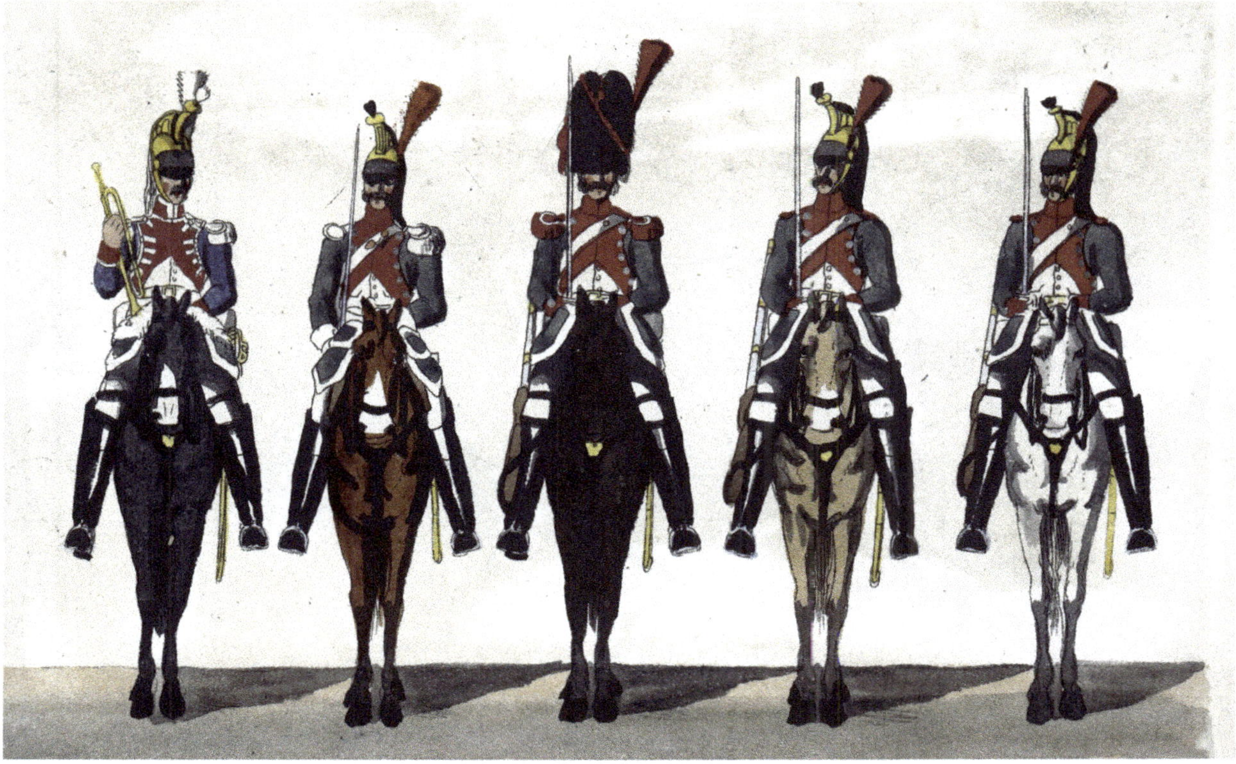

1813 Francia 15° reggimento dragoni

1813 Francia 19° reggimento dragoni

1813 Francia reggimento carabinieri

1813 Francia granatieri a cavallo della Guardia

1813 Francia Lancieri polacchi a cavallo della Guardia

PAPER SOLDIERS ALREADY PUBLISHED & IN WORKING
(SOME TITLES)

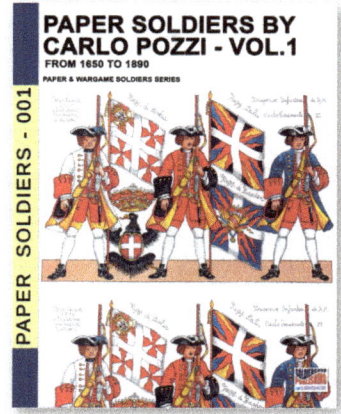

PAPER SOLDIERS - 001

PAPER SOLDIERS BY CARLO POZZI - VOL.1
FROM 1650 TO 1890
PAPER & WARGAME SOLDIERS SERIES

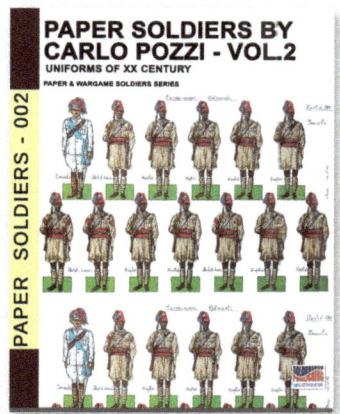

PAPER SOLDIERS - 002

PAPER SOLDIERS BY CARLO POZZI - VOL.2
UNIFORMS OF XX CENTURY
PAPER & WARGAME SOLDIERS SERIES

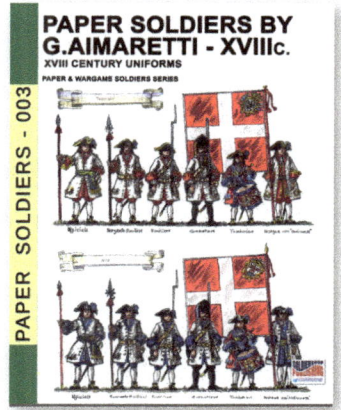

PAPER SOLDIERS - 003

PAPER SOLDIERS BY G.AIMARETTI - XVIIIc.
XVIII CENTURY UNIFORMS
PAPER & WARGAME SOLDIERS SERIES

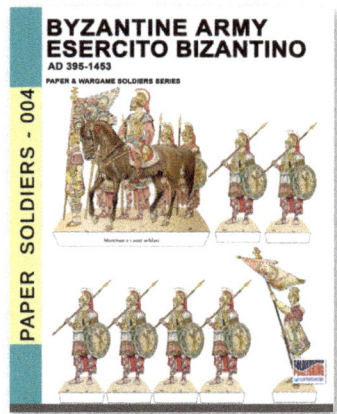

PAPER SOLDIERS - 004

BYZANTINE ARMY ESERCITO BIZANTINO
AD 395-1453
PAPER & WARGAME SOLDIERS SERIES

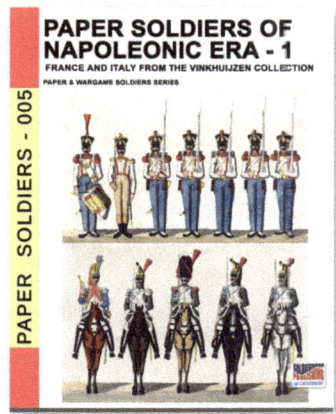

PAPER SOLDIERS - 005

PAPER SOLDIERS OF NAPOLEONIC ERA - 1
FRANCE AND ITALY FROM THE VINKHUIJZEN COLLECTION
PAPER & WARGAME SOLDIERS SERIES

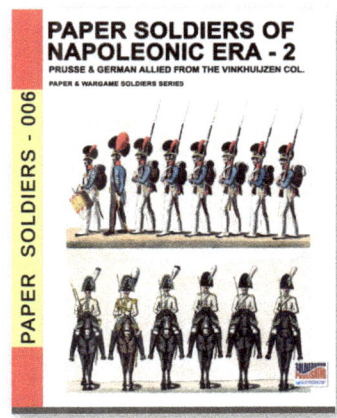

PAPER SOLDIERS - 006

PAPER SOLDIERS OF NAPOLEONIC ERA - 2
PRUSSE & GERMAN ALLIED FROM THE VINKHUIJZEN COL.
PAPER & WARGAME SOLDIERS SERIES

www.ingramcontent.com/pod-product-compliance
Lightning Source LLC
Chambersburg PA
CBHW041155120626
46547CB00020B/3219